FORAIN

Doux pays

150

AQUARELLES ET DESSINS

Préface de **JULES LEMAITRE**

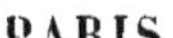

PARIS
TYPOGRAPHIE DE E. PLON, NOURRIT ET Cie
RUE GARANCIÈRE, 8

1898

PARIS

TYPOGRAPHIE DE E. PLON, NOURRIT ET Cie

Rue Garancière, 8

DOUX PAYS

SALON DU FIGARO

EXPOSITION PARTICULIÈRE

28 avril 1898.

EXPOSITION PUBLIQUE

29 et 30 avril.

HOTEL DROUOT, SALLE N° 6

EXPOSITION PUBLIQUE

1er mai.

PARIS. — TYP. DE E. PLON, NOURRIT ET Cie, 8, RUE GARANCIÈRE. — 3771.

FORAIN

DOUX PAYS

150

AQUARELLES ET DESSINS

VENTE

A L'HOTEL DROUOT, SALLE N° 6

Le 2 mai 1898, à deux heures

PAR LE MINISTÈRE DE :

Me PAUL CHEVALLIER

10, rue Grange-Batelière.

ASSISTÉ DE :

M. GEORGES PETIT, Expert

12, Rue Godot de Mauroi.

PARIS

TYPOGRAPHIE DE E. PLON, NOURRIT ET Cie

RUE GARANCIÈRE, 8

1898

CONDITIONS DE LA VENTE

Elle sera faite au comptant.

Les Acquéreurs payeront CINQ POUR CENT en-sus des enchères, applicables aux frais.

AVIS

M. CHEVALLIER *se charge des commissions des Amateurs qui ne pourraient assister à la vente.*

« DOUX PAYS »

Forain va exposer très prochainement les originaux de la plupart des dessins qui ont paru ici même sous la rubrique : *Doux Pays*. Il me plaît, bien qu'il n'en ait aucun besoin, de lui faire cette « réclame ».

Forain est un grand artiste. Vous connaissez ses figures si savamment simplifiées, d'une enveloppe si libre et si juste et d'une vie si expressive. C'est une vérité et c'est une variété d'attitudes que ni Gavarni, je crois, ni Daumier n'ont connues : le geste saisi au passage, la vie en mouvement. Nul n'a tracé d'aussi synthétiques silhouettes du « rat » ou de la petite cocotte, ni de leur digne mère, ni de leur ami le vieux monsieur à la nuque en bourrelet, ni du politicien impudent, au poil négligé sous le bord plat du haut-de-forme... Et, avec cela, que Forain est élégant quand il veut ! Il y a dans son *Doux Pays* une douzaine de petites Mariannes tout bonnement délicieuses.

Mais le satirique, chez lui, vaut le dessinateur : et,

au surplus, ses « légendes » ne font qu'un avec ses figures. Il a des mots d'un « ramassé » surprenant, des raccourcis de dialogue qui égalent ceux des plus puissants auteurs dramatiques, et qui résument une situation, un caractère, un « état d'âme » public, une absurdité sociale.

Forain est excessivement irrespectueux et de tempérament évidemment révolutionnaire. Seulement, c'est un révolutionnaire très averti et à qui on n'en impose pas. Par là il lui est souvent arrivé de ne point déplaire aux personnes « bien pensantes » ; mais si les personnes bien pensantes savaient !...

C'est qu'un bon satirique *paraît* presque toujours réactionnaire, parce qu'il se méfie des hommes et parce qu'il est nécessairement pessimiste. Puis, un bon satirique s'attaque aux plus forts, et vous savez qui sont chez nous les plus forts depuis vingt ans et par qui nous sommes menés. Si le spectre clérical, dont on nous menace un peu prématurément, prenait quelque consistance, Forain, qui plus d'une fois s'est montré indulgent aux « curés », se retrouverait anticlérical, c'est clair comme le jour.

Il y a une façon supérieure d'être « révolutionnaire » qui s'oppose d'elle-même, et invinciblement, aux révolutionnaires professionnels. Au-dessus des partis de droite et de gauche, il y a la petite société des libres esprits.

Forain, faites-y attention, a un fonds excellent de Français de France. Il a, tout naturellement, le sens des intérêts de la collectivité. Forain est nationaliste.

Féroce pour les mondains, les bourgeois, les hommes d'argent, les hommes politiques, les ministres, les avocats, et même les juges, il traite avec douceur, avec amitié, l'armée et surtout le petit soldat, et l'homme du peuple, ouvrier ou paysan. Moitié instinct, moitié réflexion, ce grand railleur, cet observateur profondément irrévérencieux a toujours été du bon côté (le « bon côté », c'est le mien et le vôtre), sans une hésitation, sans une défaillance. A cet égard, il a été admirable dans ces derniers mois.

*
* *

Doux Pays nous fait passer en revue, familièrement, notre histoire politique de 1894 à 1897. Elle est peu brillante, mais elle n'est pas ennuyeuse. C'est le « péril anarchique », la simplicité des cerveaux libertaires et l'épouvante des jurés; c'est l'éternel Panama, avec ses mensonges, ses hypocrisies, ses secrets de polichinelles, ses complicités étranges, les inconsciences touchantes de ses victimes, et quelques-unes de ses plus plaisantes et inattendues conséquences mondaines; c'est le court règne de Casimir le Hutin, avec le geste qui le termine et que je persiste à trouver beau, car je ne crois pas que beaucoup de gens en France en eussent été capables; c'est l'avènement — et l'épanouissement — de l'heureux successeur de M. Perier; l'envers des fêtes russes: la farce du ministère radical: l'exploitation de la grève de Carmaux; l'infamie européenne dans les affaires d'Orient; et, de nouveau et à travers tout, la comédie politique, et la sottise, l'intolérance et la lâcheté des politiciens. Certes, il n'est pas d'histoire ni plus « mouvementée » ni plus stérile ; il n'en est pas de plus sinistrement bouffonne, ni où paraissent mieux notre veulerie, l'anarchie de nos esprits, la banqueroute de nos volontés, et comme notre désaccoutumance de distinguer même le bien du mal. Tout cela revit, dans les croquis de Forain, plus réellement que dans les chapitres d'une histoire écrite ; et c'est une verve acide, une éclatante dérision des hommes, belle en elle-même, mais efficace surtout par ce qu'elle implique de bon sens — mon Dieu, oui — et de générosité.

*
* *

Cela est très instructif. Et, puisque nous sommes en pleine période électorale, il ne serait peut-être pas mal à propos de détacher — oh! sans choisir — deux ou trois des légendes qui, dans l'album de Forain, expriment l'habituelle attitude des candidats vis-à-vis de leurs électeurs.

C'est au bord d'un chemin rural. Deux misérables et une pauvresse allaitant un enfant sont assis sur le talus. Laissant son landau arrêté sur la route, un gros monsieur s'approche d'eux et leur dit : « Vos besoins sont les miens, vos aspirations sont les miennes! Je sais que vous ne voulez plus d'une Constitution calquée sur l'orléanisme... »

Dans un intérieur bourgeois, un candidat au Sénat fait une scène à sa femme : « On ne traite pas de voleur un fournisseur qui vend à faux poids, quand il est délégué sénatorial! Habille-toi et va lui faire des excuses! »

A la campagne. Un député rencontre un vieux prêtre. L'endroit est désert et personne ne peut entendre. Alors l'homme politique : « Une fois pour toutes, mon cher curé, ne me demandez donc jamais rien devant mes électeurs! Ça me compromet... Alors je deviens grossier. »

Etc., etc... « Les valets », comme les appelle Georges Lecomte dans son beau roman : c'est bien là leur vrai nom. Et c'est fâcheux, tout de même, que les représentants du peuple forment chez nous le groupe le plus méprisé de la nation, et qu'il n'y en ait pas beaucoup plus d'un dixième qui échappent à ce mépris. Il est vrai (et c'est un mystère) que, méprisés, ils n'en seront pas moins réélus.

C'est égal, nos candidats feraient bien de méditer l'album de Forain pour s'y prendre eux-mêmes en dégoût — ou en pitié.

Jules Lemaître.

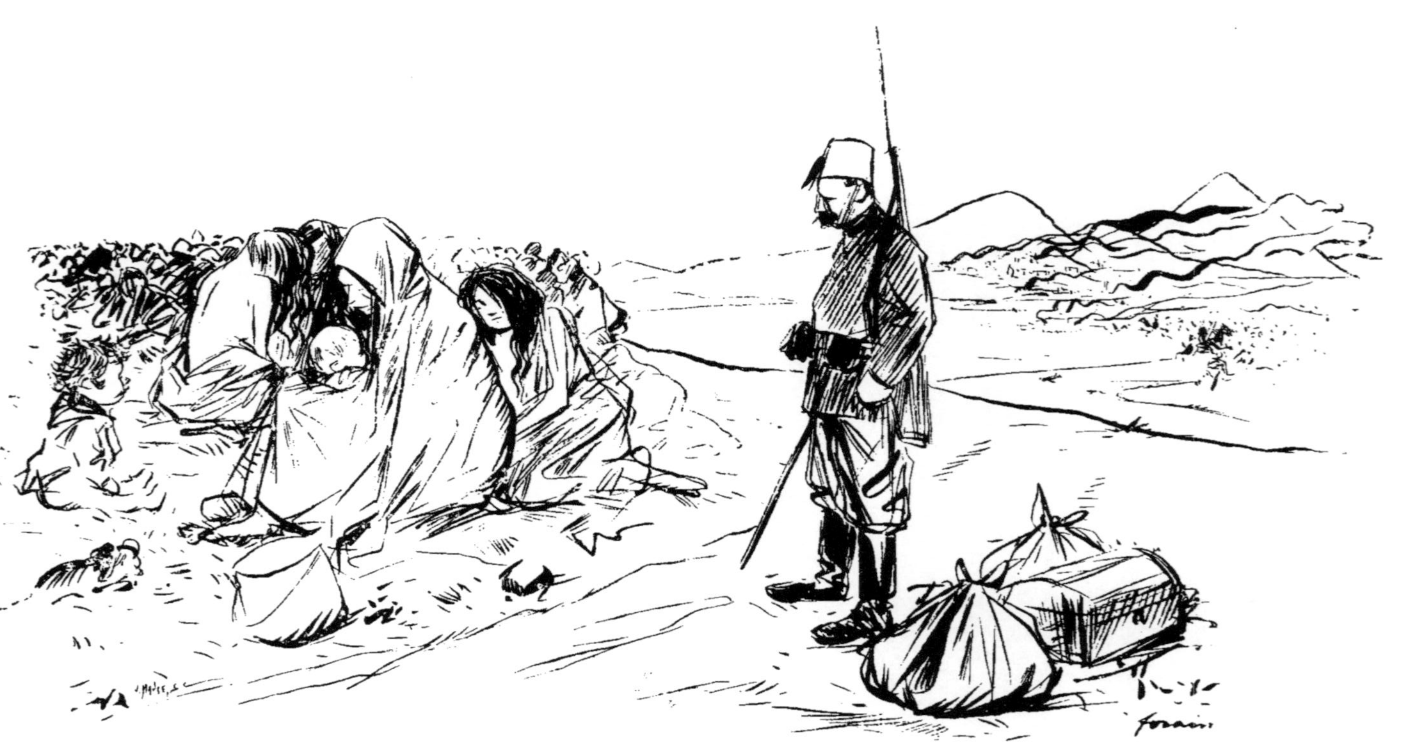

2

DÉSIGNATION

1. **Faisons des hommes**. — Des petits à qui nos ministres ne parlent pas.

   Rehaussé en couleur.

2. **En Grèce**. —Et tout cela finira par deux emprunts.

   Rehaussé en couleur.

3. **La question d'Orient**. — Si tu veux savoir comment nous avons été roulés en 1870, lis les nouvelles de Grèce.

   Rehaussé en couleur.

4. **A propos de Cornelius Herz**. — Pourquoi qu'on l'avait nommé grand officier dans la Légion d'honneur?

   Le député. — Tout simplement parce qu'on ne le connaissait pas.

   Rehaussé en couleur.

5. **L'annexion**. — Le fonctionnaire a l'interprète. — Allez annoncer dans les cases que l'esclavage est aboli à Madagascar, et qu'il sera fait une distribution d'absinthe à l'occasion du 14 juillet.

   Rehaussé en couleur.

6. **Vacances parlementaires.** — Une fois pour toutes, mon cher curé, ne me demandez donc jamais rien devant mes électeurs! Ça me compromet... Alors je deviens grossier.

Rehaussé en couleur.

7. **Avant les fêtes russes.** — Mais c'est moi, moi, qu'on vient voir!... Tu ne lis donc pas les journaux?

Rehaussé en couleur.

8. **En Orient.** — Essuie-toi les mains, et allons dîner.

Rehaussé en couleur.

9. — Vous devriez comprendre que, si je voulais un roi, je sais bien où le trouver!

Rehaussé en couleur.

10. **Tournée présidentielle.** — Je trouve qu'on est injuste pour LUI; on ne l'a pas élu pour nous rendre l'Alsace.

Rehaussé à la sépia.

11. — Mon cher, vous n'empêcherez jamais de dire d'un homme condamné à huis clos : Il est peut-être innocent. Et du même, s'il est acquitté : Il est peut-être coupable.

Rehaussé à la sépia.

12. **Chez Lui.** — Mais c'est l'ancienne guimbarde de l'Empereur?

— Parbleu! je suis monté dedans au 4 septembre.

Rehaussé à la sépia.

13. **Crise ministérielle.** — Ah! que ne suis-je au Havre!

Rehaussé en couleur.

14. **Le jubilé anglais**. — Veux-tu voir les Anglais chez eux?
— Non, merci, je viens de les voir en Égypte.

Rehaussé à la sépia.

15. — Allez-vous voter l'impôt sur la rente?
Le député. — Hélas! il le faut bien, pour sauver le ministère!

Rehaussé en couleur.

16. **Les fêtes de Kiel**. — Quel toupet de m'envoyer là avec un manteau déchiré!

Rehaussé à l'encre de Chine.

17. **Reprise du Panama**. — Ma fille, qui vous a dit que nous ne serions pas inquiétés?
— J' tiens ça d' la blanchisseuse d'Henri Rochefort.

Rehaussé en couleur.

18. **A Weybridge, aux funérailles du comte de Paris**. — Un agent de la place Beauvau. — Nous avons tout vu, tout entendu; le rapport est fait... Allons maintenant demander à dîner à Cornélius Herz.

Rehaussé à l'encre de Chine et en couleur.

19. **Arton arrêté**. — Et vous, par qui l'avez-vous su?
— On me l'a téléphoné de l'intérieur.

Rehaussé à l'encre de Chine et à la sépia.

20. **Une visite d'adieu**. — L'année 1897 a Marianne. — Voilà pour la petite qui doit me remplacer demain.

Rehaussé en couleur.

21. **La tournée**. — Conservateur à Versailles, socialiste dans le Midi, libre penseur dans le Nord, franc-maçon en Touraine, catholique en Bretagne...

Rehaussé en couleur.

22. **Le préfet et la préfète**. — Mon ministre me demande de faire...
— Méfie-toi! tu vas te compromettre!

Rehaussé en couleur.

23. **Sous les ponts, ou le préfet de la Seine sans domicile**. — Dis donc, mon vieux colon, si Poubelle vient et s'il veut en griller une, mon tabac est là dedans.

Rehaussé en couleur.

24. **En Orient**. — All right!
— Beautiful!
— Very splendid!

Rehaussé en couleur.

25. **A Carmaux**. — Le commis voyageur. — Prenez-moi, au moins, cent litres d'absinthe comme d'habitude.
— Vous êtes bon, vous!... A présent que les députés n' peuvent plus s'en mêler, les grèves vont durer trois jours au plus...

Rehaussé en couleur.

26. **Au ministère des cultes**. — Je ne peux pourtant pas chanter la *Carmagnole* dans mon église!

Rehaussé en couleur.

27. **Le pouvoir en voyage**. — M. Bourgeois. — Ah!

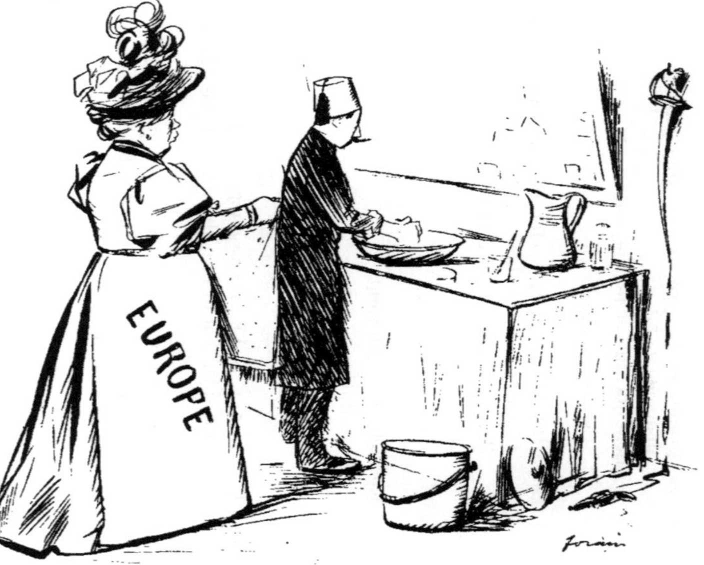
EUROPE
Forain

ah! son courrier? Eh bien, dites-LUI qu'il n'y a rien dedans LE concernant et que j'y fais répondre.

28. **Pendant les fêtes russes.** — Qu'est-ce que tu vas faire à la revue de Châlons?

LE RADICAL. — Voilà bien les femmes! Tu oublies que j'ai été colonel pendant la Commune.

Rehaussé en couleur.

29. **En villégiature au Havre.** — Service de la Présidence.

Rehaussé en couleur.

30. **Dans les journaux : « Sur le marbre. »** — LE RÉDACTEUR EN CHEF. — Allo! allo!... Est-ce que l'article nécrologique de Bismarck est prêt?

Rehaussé en couleur.

31. **Au ministère des cultes.** — Vous ne passerez plus aujourd'hui, monsieur le curé. Le ministre travaille avec l'abbé Rosselot.

Rehaussé à l'encre de Chine.

32. **Le procès Magnier.** — Est-ce que vous entendez quelque chose?

— Pas plus que vous... On juge un muet.

Rehaussé à l'encre de Chine.

33. **Intérieur parlementaire.** — C'est demain que tu passes devant la commission d'enquête?... Je ne suis pas tranquille.

— Tu es folle! Ne dirait-on pas que c'est la première fois que ça m'arrive!

Rehaussé à l'encre de Chine.

34. **La rentrée des Chambres**. — SON ÉPOUSE. — Une lettre recommandée??... Si c'était un chèque!
LE DÉPUTÉ. — Un chèque?... Il est passé, ce temps-là!

Rehaussé à l'encre de Chine.

35. **L'exposition napoléonienne**. — En voilà un qui a été à Kiel.

Rehaussé à l'encre de Chine.

36. **Après la visite présidentielle dans un hôpital**. — L'ÉCONOME. — Stupides moribonds! Avec vos chapelets et vos scapulaires, vous me faites rater ma croix!

Rehaussé à l'encre de Chine et en couleur.

37. — Vétéran de la démocratie, je viens humblement, monsieur le ministre, solliciter...

Rehaussé en couleur.

38. — Vous n'êtes pas de force... Vous y auriez perdu vos guêtres!

Rehaussé en couleur.

39. **Au ministère de l'intérieur**. — Eh bien, voilà notre Constans tombé; il a fait assez de mal à la République.
— Oui, en donnant trop d'argent aux républicains... sur les fonds secrets.

Rehaussé en couleur.

40. LE MINISTRE. — La perquisition que je fais faire chez vous doit être terminée... allons déjeuner.

41. **Un ministère de...** — Dites-moi!... A quel journal

avons-nous donc... il y a six ou sept mois, communiqué une pièce secrète?

Rehaussé en couleur.

42. **Après le toast du « Pothuau ».** — J'aurais dû claquer il y a dix ans...

Rehaussé en couleur.

43. **La santé de Bismarck.** — Eh bien, monsieur le docteur, comment l'avez-vous trouvé?

— Admirable! l'affaire Dreyfus l'a rajeuni de trente ans!

Rehaussé en couleur.

44. **Un conseil des ministres.** — Ne t'éloigne pas... Il est question de nous demander notre opinion sur l'affaire Dreyfus.

Rehaussé en couleur.

45. **Après le discours impérial.** — Le pont de la Concorde?

— Ya.

— Vous lui tournez le dos! C'est le pont d'Iéna.

Rehaussé en couleur.

46. **Laffaire Zola.** — Tiens... un chapeau acheté à Leipzig.

Rehaussé en couleur.

47. **La main-d'œuvre pénitentiaire.** — C'est épatant! comme on travaille bien maintenant à Poissy!

Rehaussé en couleur.

48. **Chez l'auteur de la « Débâcle ».** — De la part de qui?

— Du syndicat des camelots.
— Eh bien, vrai, vous lui devez bien ça.

Rehaussé en couleur.

49. **A la cour d'assises.** — *Procès Naquet.* — Après le drame la comédie.

Rehaussé en couleur.

50. **Député en voyage.** — Je savais bien que j'avais oublié quelque chose...
— Quoi donc?
— Une petite note aux journaux pour annoncer que je m'absente... on va me croire en fuite.

Rehaussé à la sépia.

51. **L'Esprit nouveau.** — Mes électeurs? aujourd'hui je ne sais plus par quel bout les prendre!...
— Si je faisais ma première communion?... à tout hasard.

Rehaussé en couleur.

52. **Quelques parlementaires.** — A la mémoire de M. Ferdinand de Lesseps.

Rehaussé en couleur.

53. **Le panmuflisme.** — Je pense que vous n'allez pas, sous prétexte qu'il y a des pauvres, m'attirer des curés chez moi!

Rehaussé en couleur.

54. **Chez le ministre.** — Ces papiers sont l'œuvre d'un faussaire... Combien en veut-il?

Rehaussé à l'encre de Chine et à la sépia.

55. **Péril anarchique.** — Entre la poire et le couteau.

Rehaussé en couleur.

56. — Dites-moi, monsieur le comte, alors, comme ça, j' peux prendre *Saint-Ferjeux* gagnant et *Canada* placé ?...

Rehaussé à l'encre de Chine.

57. **Nos hôtes. — Le vice-roi du Petchili.** — Il vient de parler de notre marine à un amiral ; il l'a épaté.

— Parbleu ! il vient de Berlin.

Rehaussé en couleur.

58. **En vacances.** — Tiens ! je vous croyais au milieu de vos électeurs ?

— Il est bon, lui ! On voit bien que ce n'est pas lui qui a promis les bureaux de tabac !

Rehaussé en couleur.

59. **Après l'élection Casimir Périer.** — Que veux-tu que j' te dise ?... C'est fait. Mais avoue toi-même que Brisson n'aurait pas été rigolo.

Rehaussé à l'encre de Chine.

60. **A Constantinople.** — Il n'y a plus d'Arméniens ; l'Europe se charge des Grecs... Elle est bien bonne !

Rehaussé en couleur.

61. **Le péril anarchique.** — Le geste est beau.

Rehaussé en couleur.

62. **Bureau des recherches.** — M'a-t-on trouvé quelqu'un pour endosser l'affaire Barrème ?

Rehaussé en couleur.

63. — Devine avec qui nous dînons ce soir chez les

Reypus? Avec le juge d'instruction qui a fait fureter chez nous, il y a un an, jour pour jour!

Rehaussé à l'encre de Chine et en couleur.

64. **Le péril anarchique après l'acquittement.** — Un juré. — Ça me rassure quand on les arrête, et ça nous fait plaisir quand on les relâche.

Rehaussé en couleur.

65. **Le président du conseil à un intime.** — Tiens, écoute-LE... tu vas juger jusqu'à quel point nous LE tenons.

Rehaussé en couleur et à l'encre de Chine.

66. **Après les toasts.** — Allons féliciter le ministre.

Rehaussé en couleur.

67. **Député en tournée.** — Vos besoins sont les miens, vos aspirations sont les miennes! Je sais que vous ne voulez plus d'une constitution calquée sur l'orléanisme...

Rehaussé en couleur.

68. **Les prêtres à la Chambre.** — Hé! m'sieur l' curé!... vous perdez votre bréviaire!

Rehaussé en couleur.

69. Le gibier du candidat.

Rehaussé en couleur.

70. **Une lettre de Madagascar.** — ...

— ...

— On allait le décorer...

Rehaussé à l'encre de Chine.

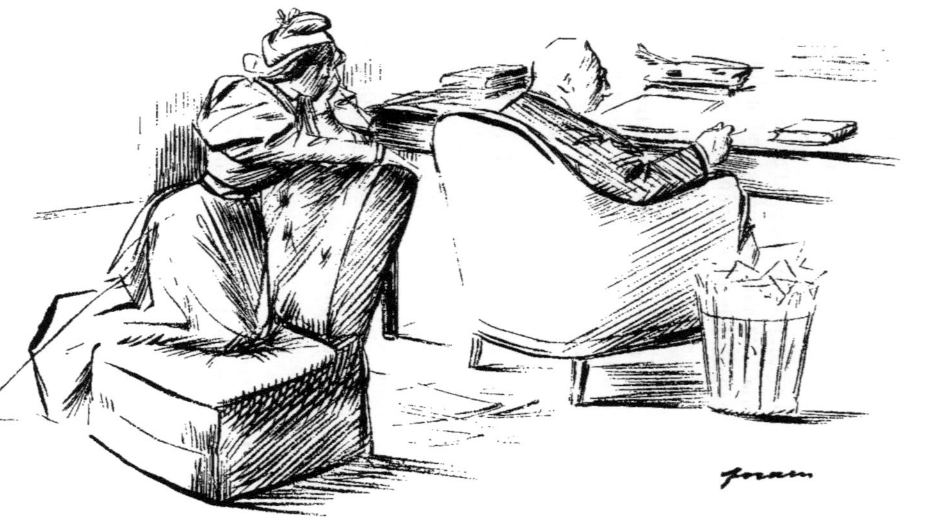

9

71. **Le scandale de Roubaix.** — Mon cher ministre, un électeur a été provoqué par la vue d'un prêtre en uniforme. Aussi, comme député et vénérable de notre loge, je vous demande les palmes pour ce courageux citoyen.

72. **Chez le ministre compétent.** — Comment! Cornélius Herz nous réclame 25 millions?
— Oui... Écrivez donc à Naquet pour qu'il nous arrange ça avant de rentrer.

73. Le Cercle des études sociales à Carmaux.

Rehaussé en couleur.

74. **Le péril anarchique.** — Papa, ne te trompe pas pour ta bombe : 201 C^5 Ko, $C^6 H^3 Az O^2$ 30.
— Bien! Avec de l'acide sulfurique et du savon noir... ça ira!

Rehaussé en couleur.

75. **Le péril anarchique.** — Ah! là, là! J' técoute que j' les f'rais tous sauter, si j'étais sûr qu'eun' duchesse nous l'adopte.

Rehaussé en couleur.

76. **Au ministère de l'intérieur.** — Est-ce qu'on n' va pas bientôt me l' nommer préfet, celui-là?... J' commence à en avoir soupé de sa tête!...

Rehaussé en couleur.

77. **La question des sucres.** — Marianne. — Encore un coulage de 35 millions! On finira par me prendre en grippe.

Rehaussé en couleur.

78. **Le budget de la guerre.** — Pourquoi qu' t' es à la boîte?

— Parce que j'ai dit qu'on dépense 700 millions pour l'armée et que j'y suis d' ma poche, quand j'ai soif.

Rehaussé en couleur.

79. **Ministère des colonies.** — Si monsieur le ministre voulait voir un nègre? C'est très curieux.

Rehaussé en couleur.

80. **Élections municipales.** — Eh bien, mon pauvre homme, te voilà dans un bel état!

— Oui, mais mon comité m'a porté en triomphe.

Rehaussé en couleur.

81. — *Quel est l'imbécile qui m'interrompt?*

M. Gérault-Richard.

(Séance de la Chambre du 18 janvier 1897.)

L'Imbécile. — Tu n'entends rien à la vie parlementaire; si je m'étais nommé, il m'aurait appelé voleur!

Rehaussé en couleur.

82. **Après les fêtes russes.** — Qu'est-ce que c'est que cette note de 1,750 francs?

— C'est ma toilette de gala!

— Je n'ai pas d' galette pour ça.

— Eh bien, et les fonds secrets!

Rehaussé en couleur.

83. **Annexion.** — Voici le décret qui vous nomme chef du service anthropométrique à Madagascar.

— Mais... et les malfaiteurs?
— L'administration y pourvoira.

Rehaussé en couleur.

84. **La république des bourgeois**. — Si on ne dirait pas qu'elle va à la messe?

Rehaussé en couleur.

85. **Le péril anarchique.** — Pour votre gendre? Glissez dans son linge une collection du *Père Peinard*, envoyez une lettre anonyme au préfet... et vous serez tranquille jusqu'à la rentrée.

Rehaussé en couleur.

86. **A l'Hôtel de ville.** — Enfin, citoyens, vous le voyez vous-mêmes... je n'inventais pas : M. Poubelle nous brave!

Rehaussé à l'encre de Chine.

87. **A la fête de Neuilly.** — ... et enfin, mesdames et messieurs, il est aussi franc-maçon!

Rehaussé en couleur.

88. **Retour de Versailles.** — Ami, une trique vient de pousser à l'arbre de la Liberté.

Rehaussé en couleur.

89. **Le retour des Chambres.** — J'ai promis un bureau de tabac, une gare, huit croix!... Quant aux dîners, je les rendrai avec des palmes.

Rehaussé en couleur.

90. **L'éloquence parlementaire**. — Oui, mon ami, réjouissez-vous. La démocratie vous donne en réalité une participation de plus en plus large

aux jouissances générales, matérielles ou morales, qu'a amenées le progrès social dans ses multiples manifestations.

— Comme c'est clair!

Rehaussé en couleur.

91. — Tant qu'ils se battront, nous n'avons rien à craindre. Mais gare à la paix!

Rehaussé à la sépia.

92. **Dans les bureaux du ministère de la guerre. — Madagascar.** — Cette pièce ne nous regarde pas. Nous sommes ici pour les décès.

Rehaussé à l'encre de Chine.

93. **L'impôt sur le revenu.** — LUI A UN AMI. — Que feriez-vous à ma place?

— J'achèterais de la rente.

Rehaussé en couleur.

94. **Au ministère de la guerre.** — Un envoi à Madagascar.

Rehaussé à l'encre de Chine.

95. **La petite terreur.** — Vous savez, monsieur le ministre, les arrestations et les perquisitions font un bruit énorme!

— C'est parfait, et cela nous allège des histoires Arton, Dupas... et le « reste ».

Rehaussé en couleur.

96. **A la recherche d'une grève.** — Carmaux est fini. DEUX DÉPUTÉS. — Si nous tentions du côté d'Anzin?

Rehaussé à l'encre de Chine.

97. **Fin d'année.** — Tout compte fait, elle n'aura pas été trop mauvaise... pour MOI.

Rehaussé à l'encre de Chine.

98. **Intérieur sénatorial.** — Toi, faire de la résistance à la Chambre? Pauvre ami!... Ce serait au Sénat comme ici!...

Rehaussé à l'encre de Chine et à la sépia.

99. **Le ministère Berthelot.** — Ma potion n'est pas prête?
— Vous ne le voudriez pas! Mon mari vient d'être nommé ambassadeur!

Rehaussé à l'encre de Chine.

100. **Les perquisitions.** — Et tout ça, parce que nous avons eu une cuisinière qu'on suppose avoir été chez Arton.

Rehaussé à l'encre de Chine et à la sépia.

101. **La triplice.** — C'est pien; on vous fera venir au dessert.

102. **Le péril anarchique.** — Nous sommes perdus! ton père est du jury...

103. **Chez Cornélius Herz.** — Les deux Français qui ont écrit hier à monsieur sont dans le salon.
LE MORIBOND DE BOURNEMOUTH. — J'y vais; apportez-moi ma robe de chambre et mes béquilles.

104. **En Allemagne.** — Mon cher Prince, je vous ai fait venir pour rassurer l'Europe... et surtout pour vous lire une pièce en cinq actes.

105. **Cuisine bourgeoise.** — Je l'ai entendu dire que vous épiciez un peu trop vos plats.

Le chef. — Oui... Il regrette ses blanquettes du Havre ! S'il n'est pas content, qu'il s'en aille !

106. **L'esprit nouveau.** — Les habiles ou les rêveurs qui promettent, à la foule trop nombreuse de ceux qui souffrent, l'entrée prochaine dans une sorte d'Éden terrestre, ne font que les détourner de...

— Mais, monsieur le député, Charles X a dit tout cela à mon père.

107. **Une interview.** — Le reporter. — Et vos fameux dossiers ?

L'Élu de Loches. — Ils vont paraître incessamment avec une préface de M. le docteur Cornélius Herz.

108. — Tu vois !... on se prépare à monter en daumont.

— IL a de la veine ! Il y a six semaines, j'aurais bien parié cent sous qu'IL serait pas allé au Grand Prix.

109. **L'esprit nouveau.** — Que j'entre dans l'église, c'est impossible, ça, ma petite Marianne ! Mais après la cérémonie, viens me retrouver en face, à la brasserie.

Rehaussé en couleur.

110. **En Crète.** — Un peu lourde, la dame.

Rehaussé en couleur.

111. **Les caprices de Marianne.** — Vous allez com-

mettre une infamie. Vous voulez m'opprimer et m'appauvrir, et vous n'enrichissez personne!

— C'est vrai, rentier, mais... la Liberté c'est vieux jeu! Nous en sommes à l'Égalité.

Rehaussé en couleur.

112. **Le péril clérical.** — Je vous demande ce que font ces gens-là?

— Mais ça se voit bien : ce sont de dangereux citoyens.

Rehaussé en couleur.

113. **Le soir du 1er mai.** — L' citoyen Caumeau m'a dit : « Toutes les consommations sont payées. » Jamais un patron n' m'a dit ça.

Rehaussé en couleur.

114. **Loisirs parlementaires.** — Un de nos collègues, messieurs, voudrait-il me confier son mandat d'amener? Je vais le transformer en non-lieu.

Rehaussé à la sépia.

115. **Le café turc.** — Hanotaux devrait savoir que ce café m'empêche de dormir.

Rehaussé en couleur.

116. **L'impôt sur le revenu (après le vote).** — Je vous croyais POUR!

— Oui! mais, que voulez-vous? J'ai besoin, pour le 14 juillet, de deux croix et de quinze palmes!

117. **Le péril anarchique.** — On ne t'attendait plus pour dîner.

— Il s'agit bien de ça! Je viens d' faire mon devoir... Maintenant, vite les malles... Filons!

Rehaussé en couleur.

118. **L'anniversaire de Wissembourg.** — C'est là-bas que j'ai pris ma première pendule.

Rehaussé à l'encre de Chine.

119. **A la Chambre.** — Voilà la tenue rêvée pour toucher un chèque.

120. **L'anarchie dans la hiérarchie.** — Tiens, une chose qu'on nous cache au régiment.
— Quoi donc?
— Qu'un colonel peut engueuler un général.

Rehaussé en couleur.

121. **Un inculpé de choix.** — Vous êtes bien tous les mêmes!... M. Baïhaut aussi m'avait promis les palmes!

122. **Après le ministere de la vertu.** — Eh ben! ils en ont laissé un désordre et une saleté ici!
— J' vous crois! Nous avons trouvé la boîte à ordures dans le salon.

Rehaussé en couleur.

123. **Intérieur parlementaire.** — Ça s'rait drôle, tout de même, si j'avais la même cellule que l'année dernière!

Rehaussé en couleur.

124. **Nouveau ministre.** — Franchement, ils auraient bien pu nettoyer avant de partir... Je viens de trouver dans la toilette des vieux bigoudis et la *Clef des songes!*

Rehaussé en couleur.

125. **A la revue de Châlons.** — Mais, monsieur, not' fils est dans un régiment là-bas!
— J' m'en f... on n'entre pas sans cartes.
Rehaussé en couleur.

126. — Où est le cireur de bottes!
— On vient de le nommer sous-préfet.
Rehaussé en couleur.

127. **Colloque parlementaire.** — DANS UN GROUPE DE RADICAUX. — Mes amis, croyez-moi, f...ns-leur une bonne grève dans les jambes!
Rehaussé à l'encre de Chine et en couleur.

128. **Au Havre, la veille des fêtes russes.** — Il dort comme ça depuis trois jours; il n'y a guère que cent un coups de canon qui pourraient le le réveiller.
Rehaussé en couleur.

129. **La veille des fêtes russes.** — MARIANNE. — Ce n'est pas que j'y tienne; mais pourquoi ne veux-tu pas de députés avec nous?
F. F. — Ma chère, quand on invite quelqu'un à diner, on ne lui montre pas la cuisine.
Rehaussé en couleur.

130. **Chez le commissaire.** — Il paraît que vous êtes innocent... Mais n'y revenez plus!
Rehaussé en couleur.

131. **Le ministère Berthelot.** — Puis-je voir mon vénéré maître?
— M. Berthelot ne reçoit pas... il prend une leçon d'anglais.
Rehaussé en couleur.

132. **Beaux-Arts**. — Alors, ces messieurs du musée m'ont dit : « Venez lundi, et, si vous êtes discret, on vous fera retoucher la « Joconde ».

Rehaussé en couleur.

133. **La grève à Carmaux**. — LE DÉPUTÉ. — Vous voulez retravailler? Vous me dégoûtez! Vous écoutez vos femmes... Vous manquez d'estomac!

Rehaussé à l'encre de Chine.

134. **Le congrès pénitentiaire**. — Mais... voilà une cellule Louis XVI.

— Oui. messieurs, ça vient du garde-meuble. (*Confidentiellement* :) Vous le voyez, Cornélius n'aurait pas été à plaindre.

Rehaussé à l'encre de Chine.

135. **En route pour Kiel**. — Qu'est-ce que tu as?

— Je n'sais pas; c'est la première fois qu' ça m'arrive... J'ai mal au cœur!

Rehaussé à l'encre de Chine.

136. **Départ du député radical**. — Ah! les temps sont changés..., l'année dernière le chef de gare se fendait d'un bouquet.

Rehaussé en couleur.

137. **La commission chez Cornélius Herz**. — Le patron n'y est pour personne.

— Mais, mon ami, c'est la commission d'enquête... Nous lui rapportons son grand cordon!...

Rehaussé en couleur.

138. **Le 14 juillet**. — De quoi? on nous défend d'chanter

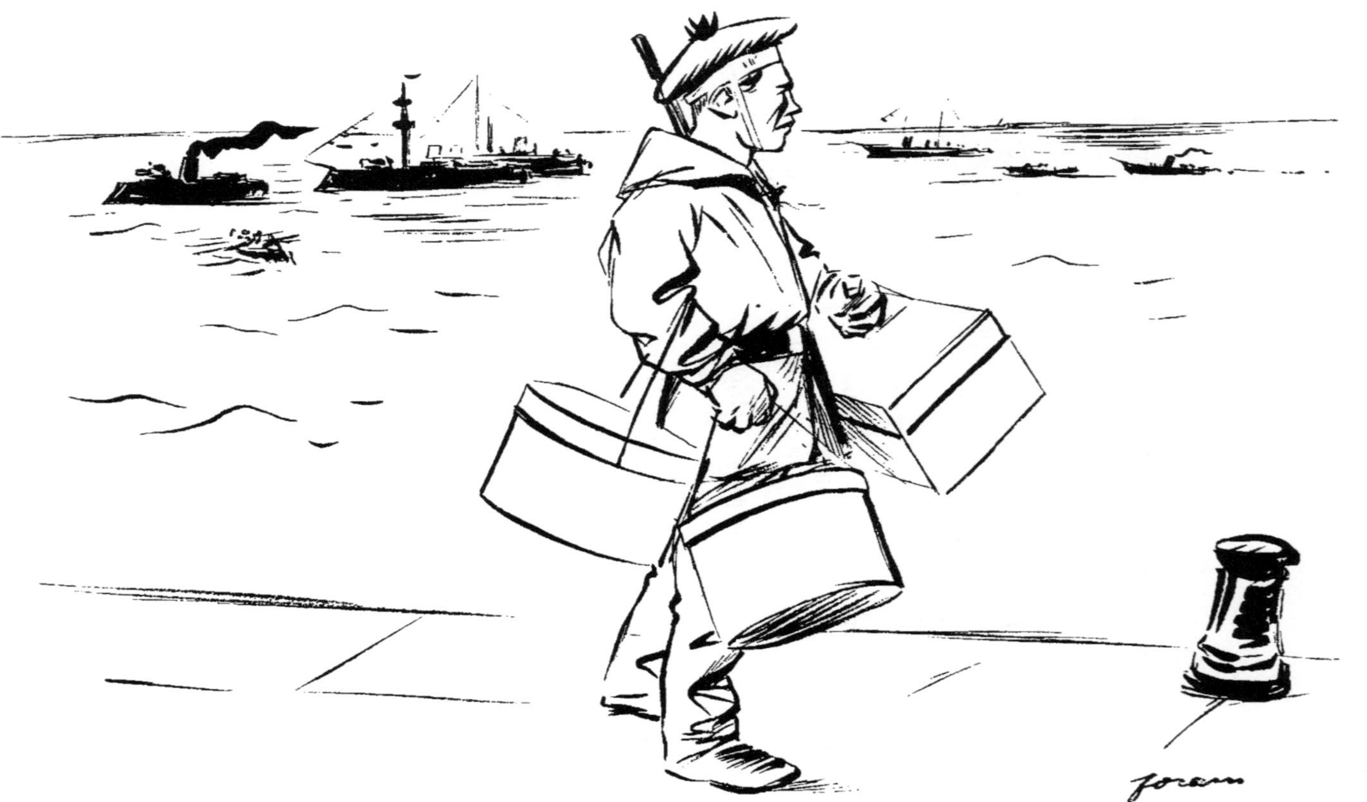
forain

la *Marseillaise!*... mes enfants, le 14 juillet est f...ini!

Rehaussé en couleur.

139. **A l'Élysée : préparatifs de voyage.** — Va lui dire que ça n'entre pas!

Rehaussé en couleur.

140. **Chez un antiquaire.** — Voilà qui est curieux! — Je vous crois... c'est un chèque touché par Colbert en 1661.

Rehaussé en couleur.

141. **Le secret de l'instruction.** — Avouez que votre mari a fait le coup et vous verrez votre gosse.

Rehaussé en couleur.

142. **Un préfet révoqué.** — Voyons, papa, comment as-tu pu, toi, un homme de progrès, rester radical?

Rehaussé en couleur.

143. **Le député en ballade.** — Tiens, on m'a fait voter avec Chauvin et Pochon! Elle est bien bonne!

Rehaussé en couleur.

144. **Arton captif.** — John, veuillez leur dire, une fois pour toutes, d'envoyer mes factures à l'ambassade de France... Il y aura toujours quelqu'un qui payera.

145. **Résultat d'éloquence parlementaire.** — Une boutique de curiosité à Carmaux.

Rehaussé à l'encre de Chine.

146. **Les 104.** — Tu sais que je ne vis plus depuis que j'ai vu ton nom sur la liste.
— Mais c'est ce qui pouvait m'arriver de mieux, puisqu'elle est fausse !

Rehaussé en couleur.

147. **La petite terreur.** — Il souffle un mauvais vent sur la presse.

148. ... Ensuite j'ai été deux ans chez un député.
— Ça n'est pas une référence.

Rehaussé en couleur.

149. **A la frontière.** — Le gendarme. — ... Nous l'avons trouvé dans un chemin creux ; il prétend être Magnier, sénateur.

Le commissaire. — Je ne le crois pas... En tout cas, relâchez-le.

Rehaussé à l'encre de Chine.

150. **L'école de la déroute.** — Le camelot. — Lisez l'arrestation du capitaine X..., du colonel Y..., du commandant Z...

Rehaussé en couleur.

PARIS. TYP. DE E. PLON, NOURRIT ET Cie, RUE GARANCIÈRE, 8. — 3771.

www.ingramcontent.com/pod-product-compliance
Ingram Content Group UK Ltd.
Pitfield, Milton Keynes, MK11 3LW, UK
UKHW020449180726
13839UKWH00004B/1723